I0468741

For my baby,
Marylynn

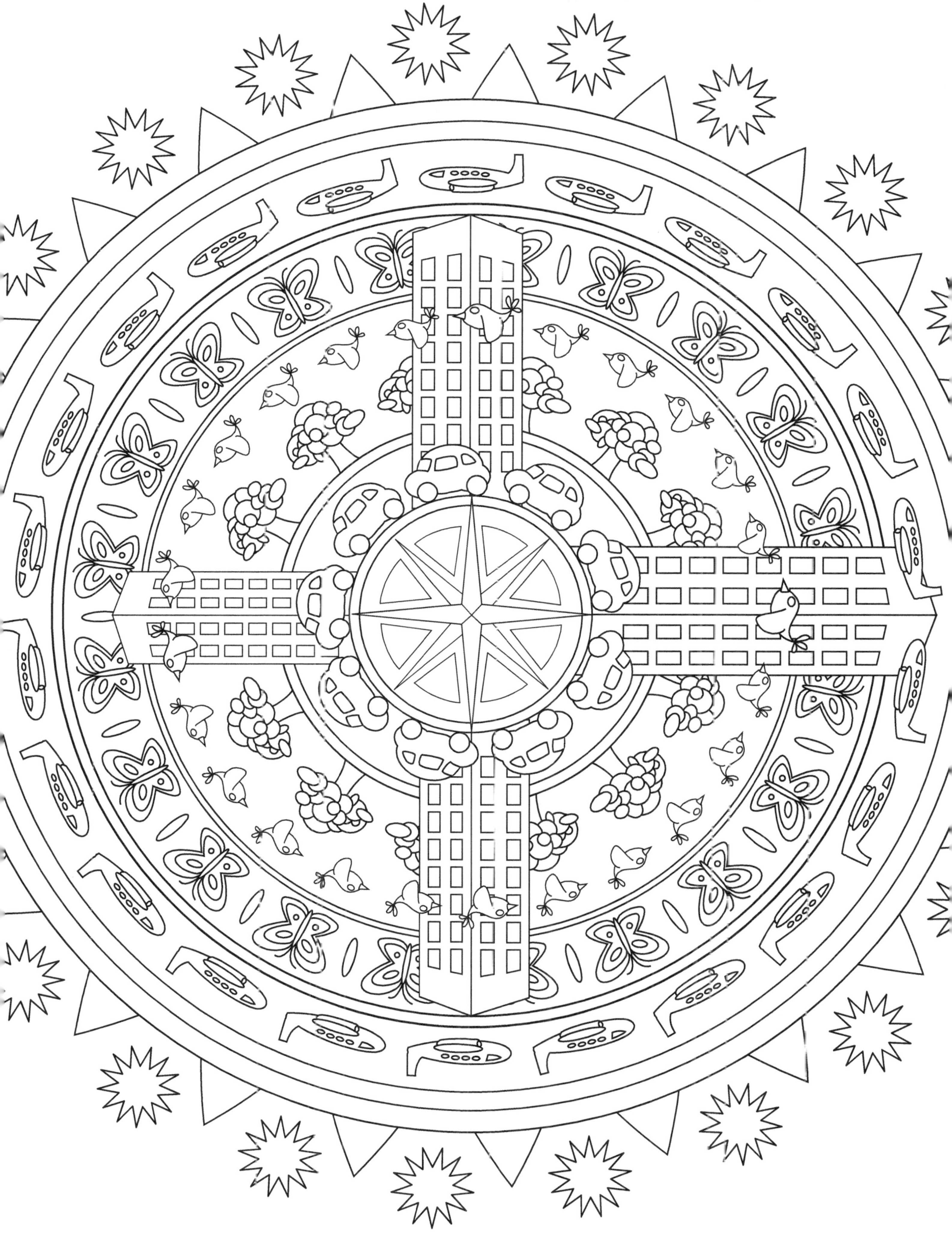

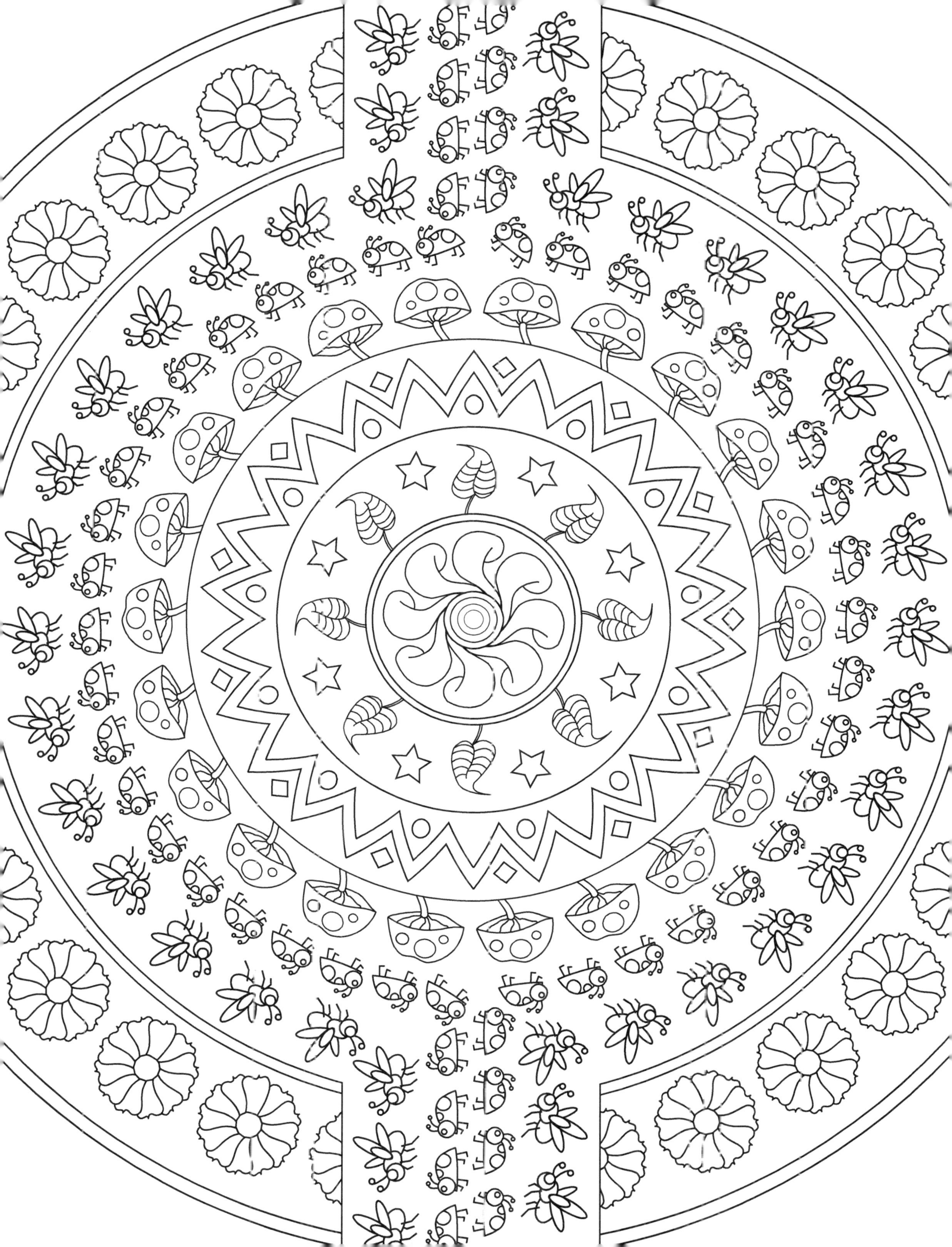

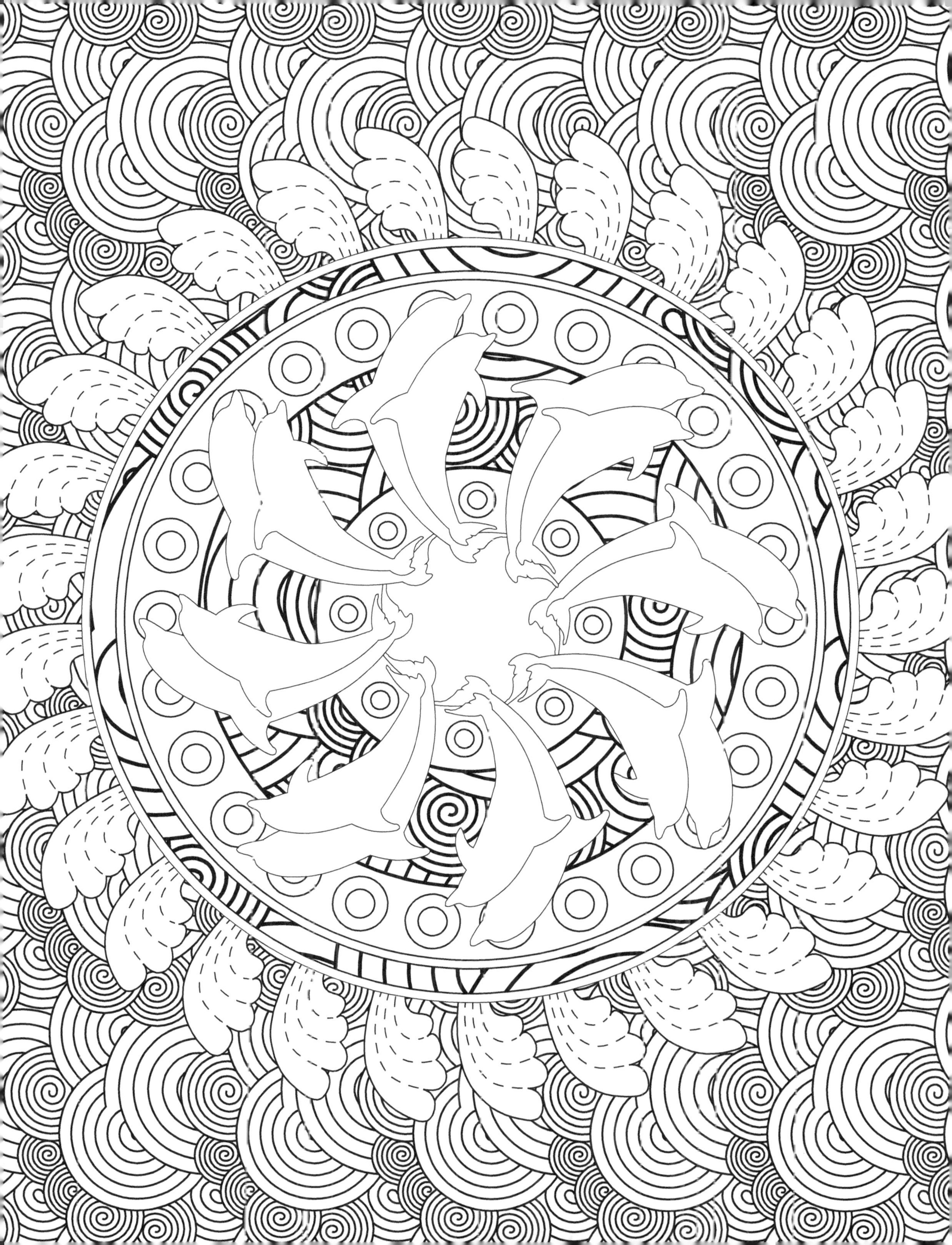

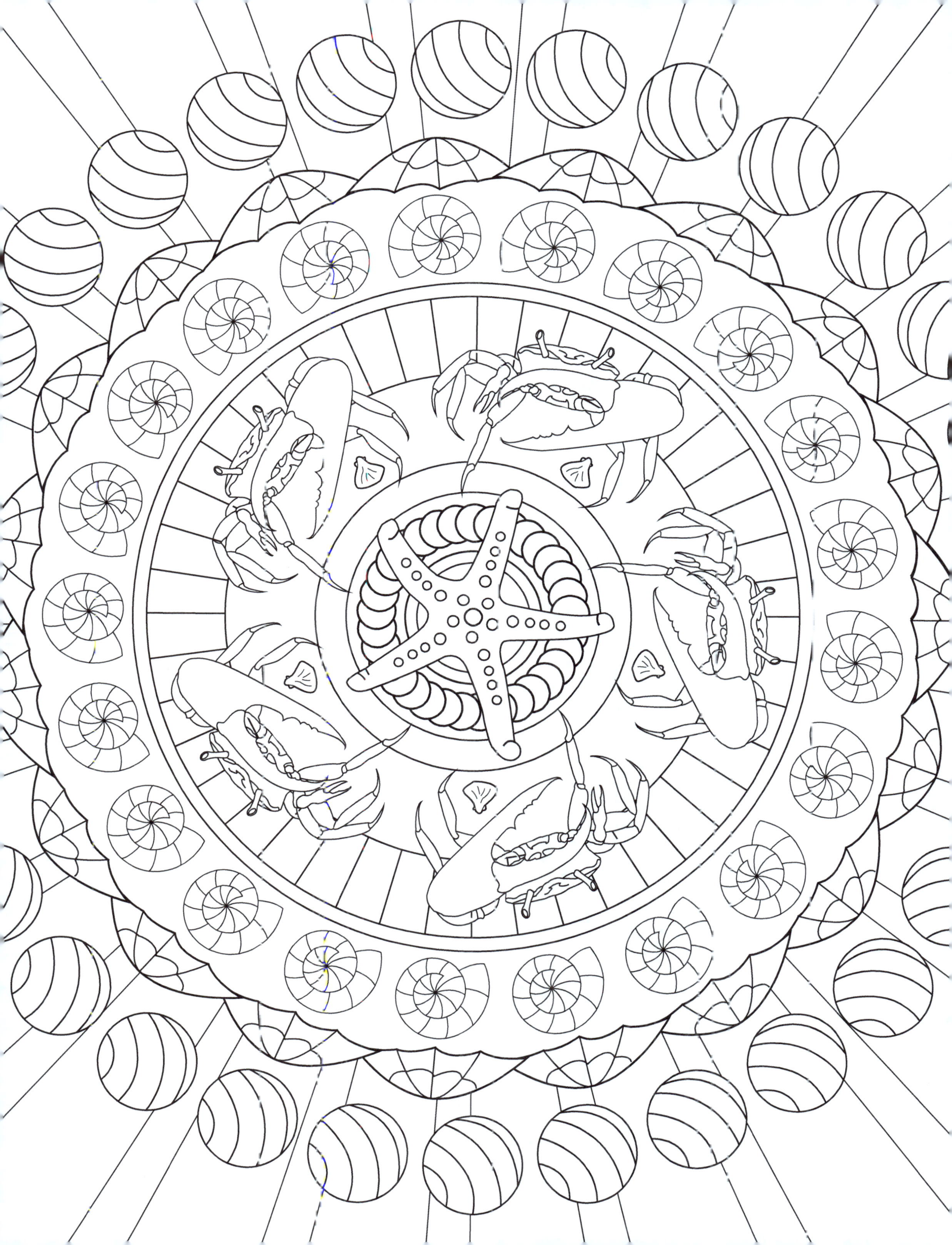

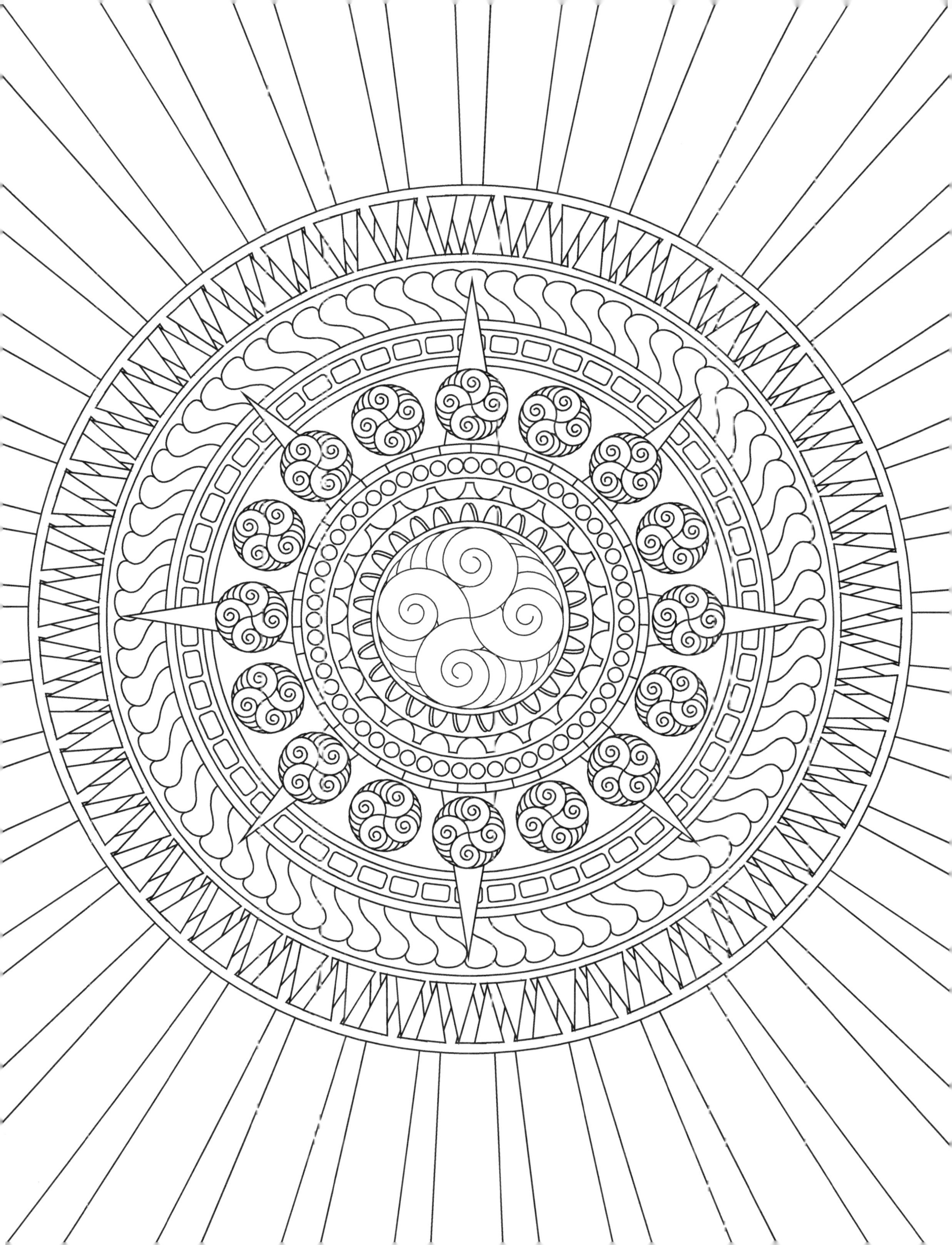

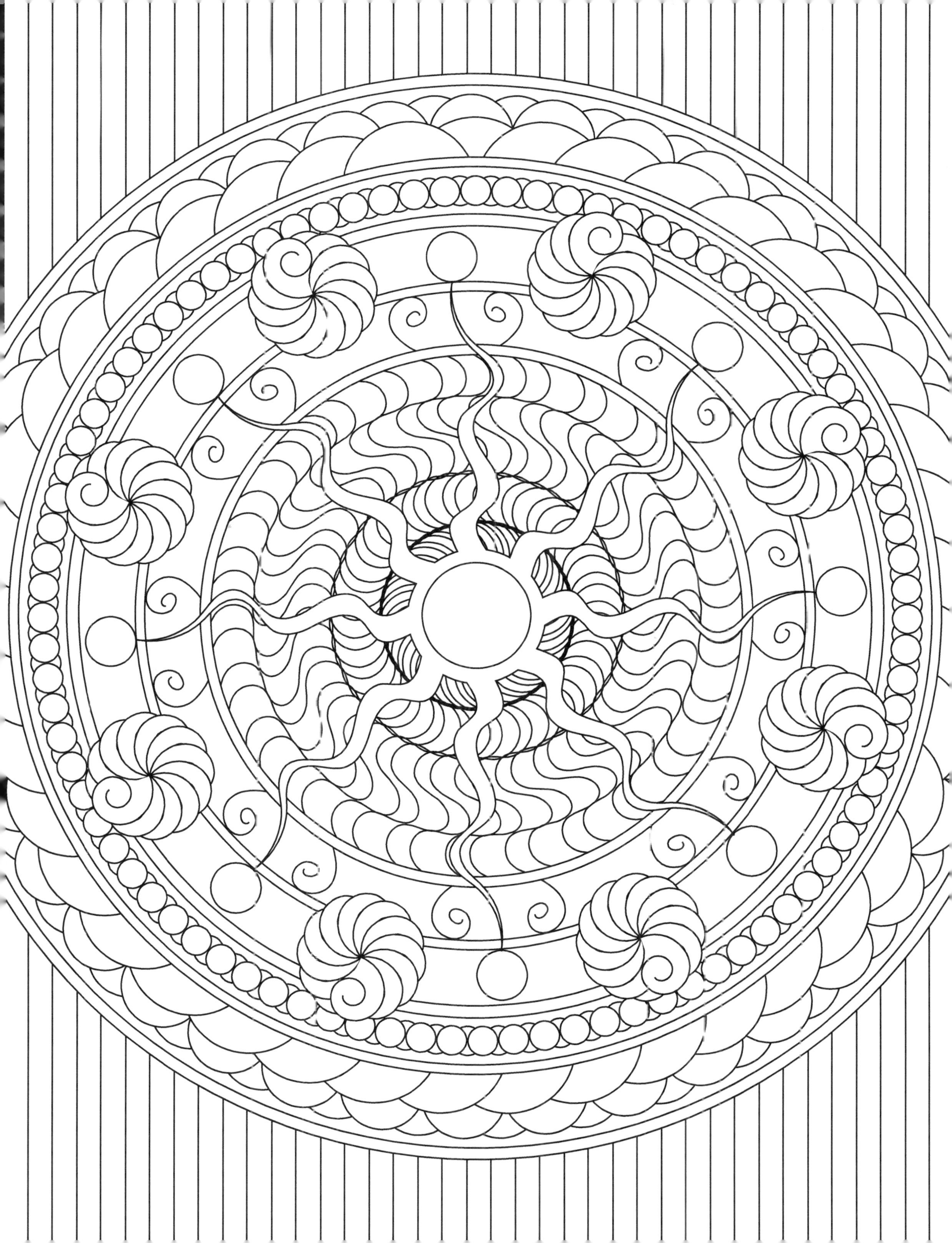

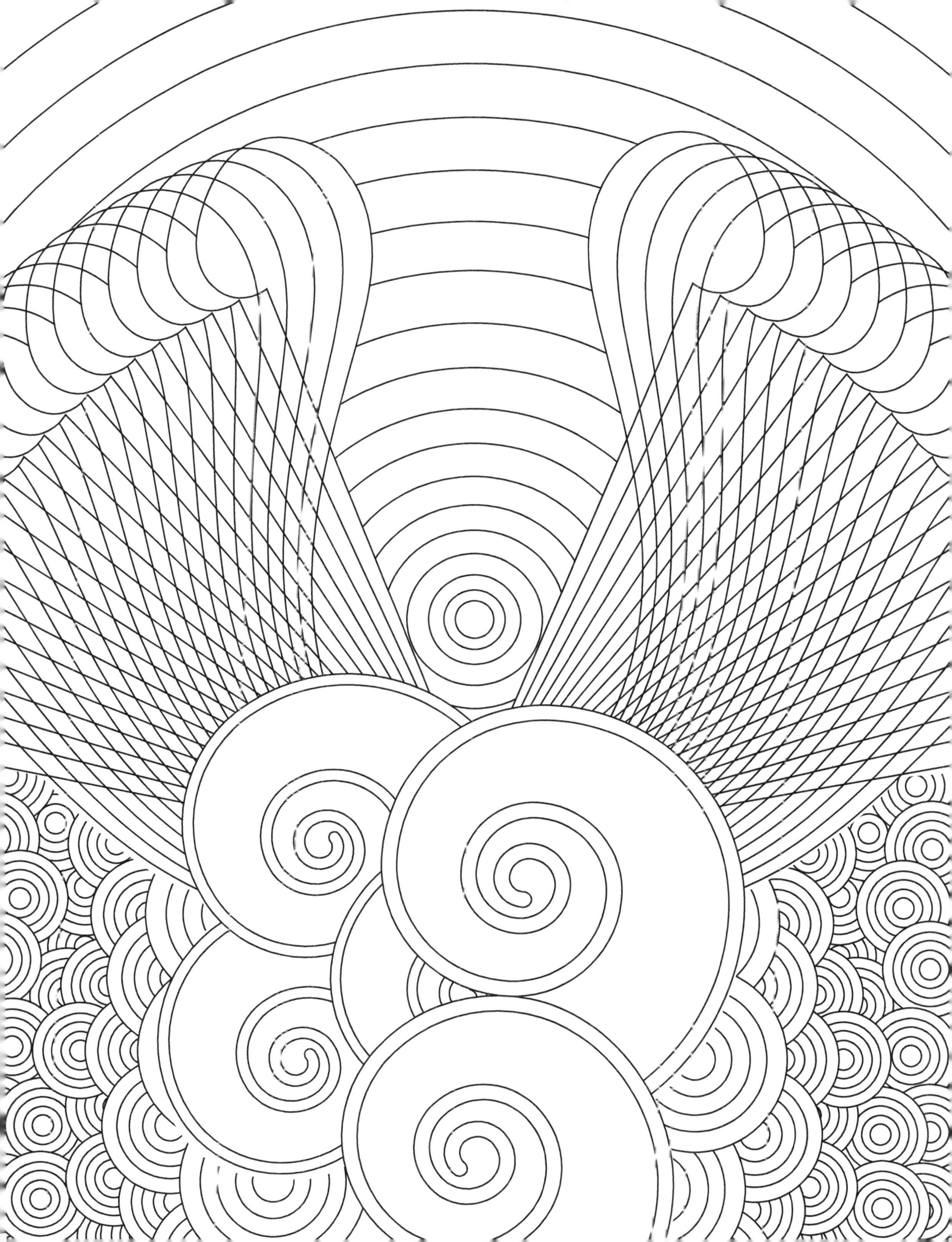

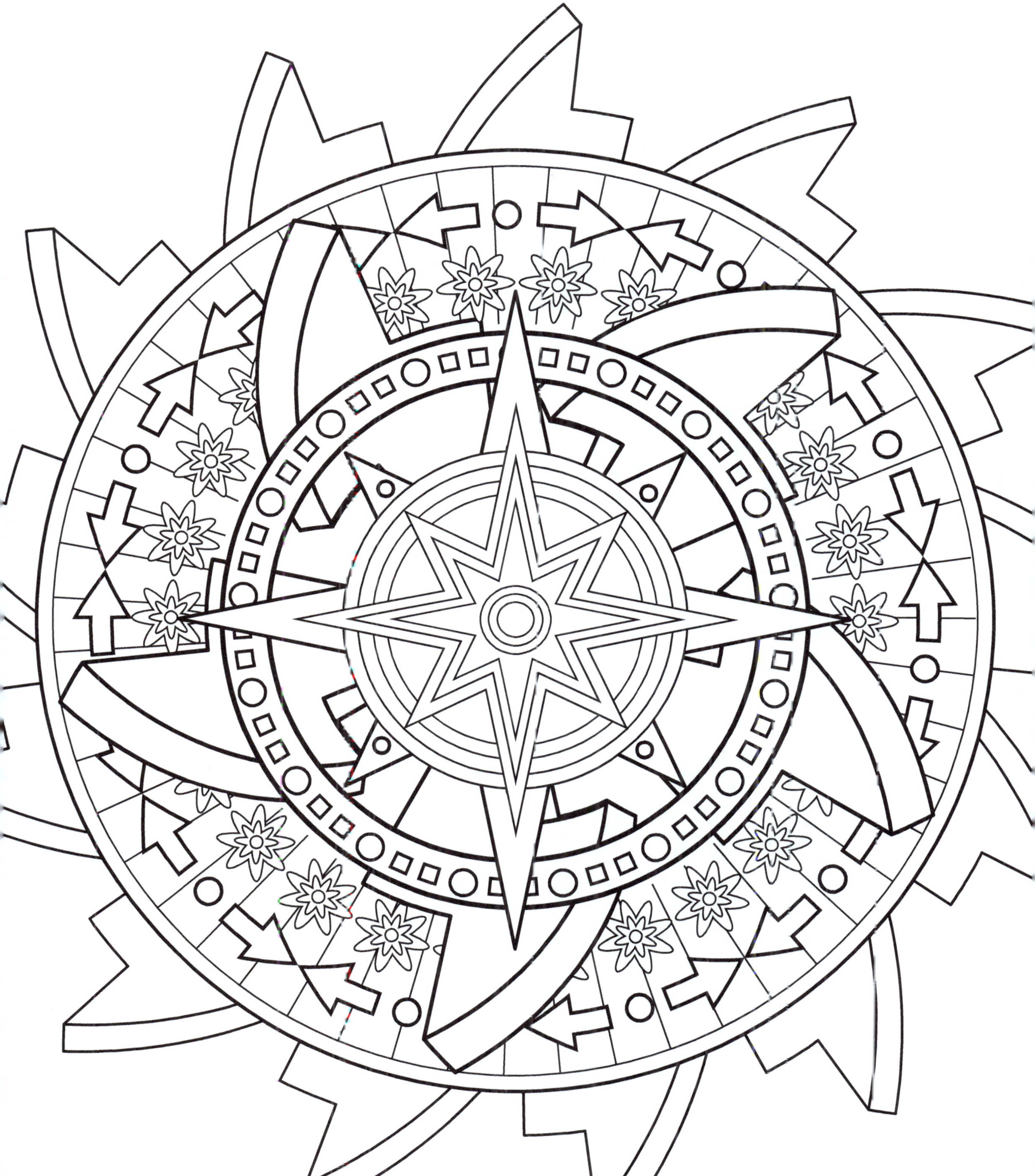

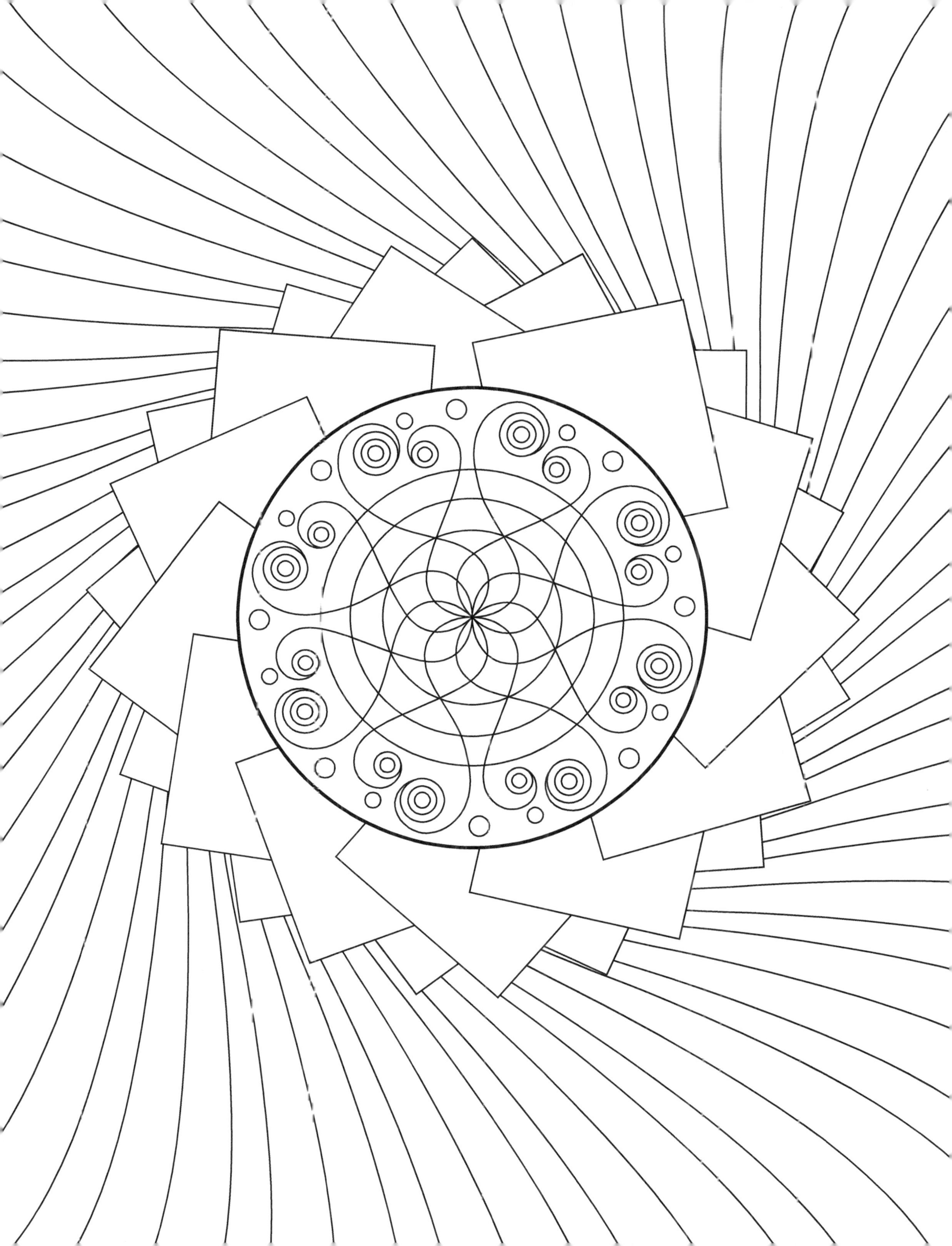

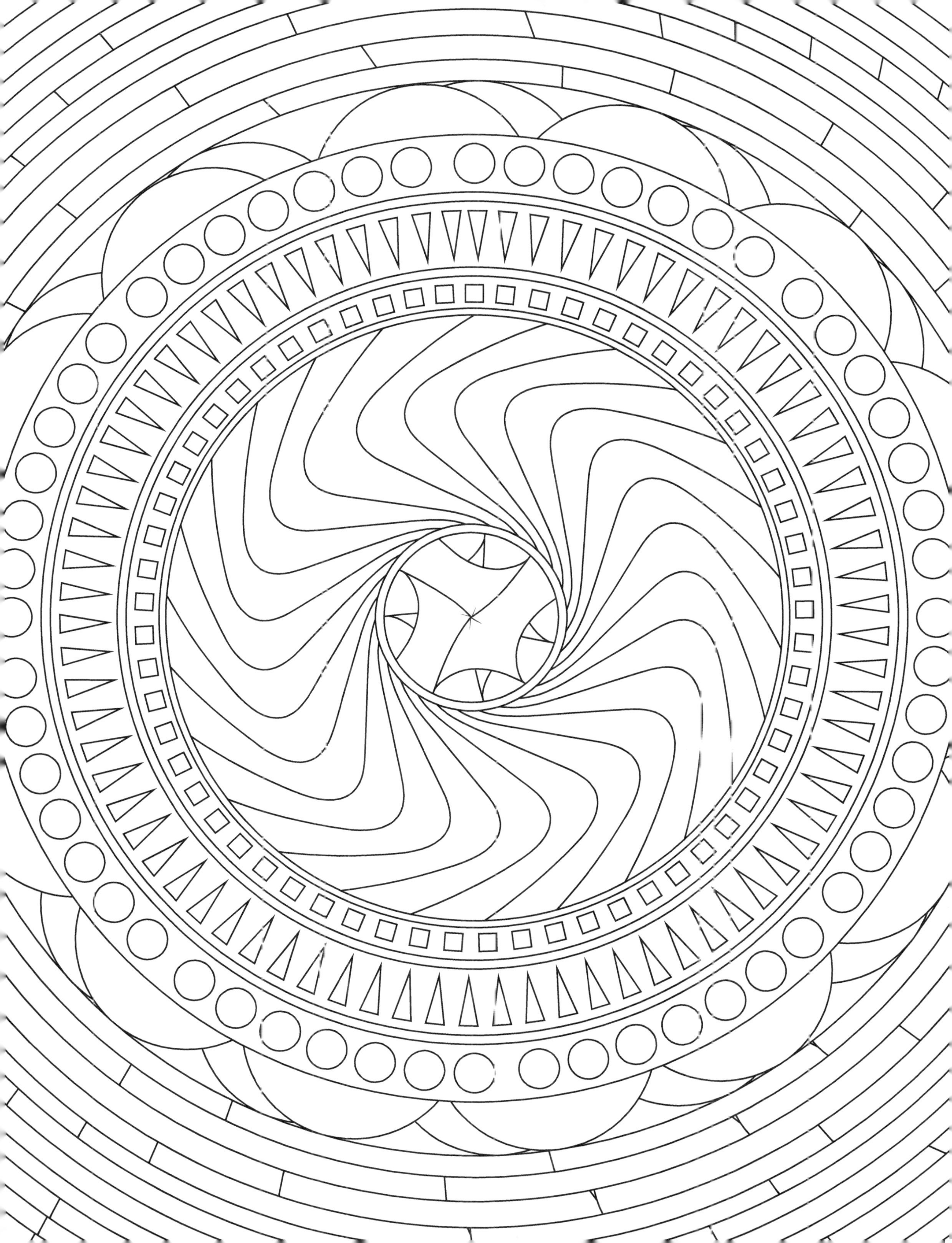

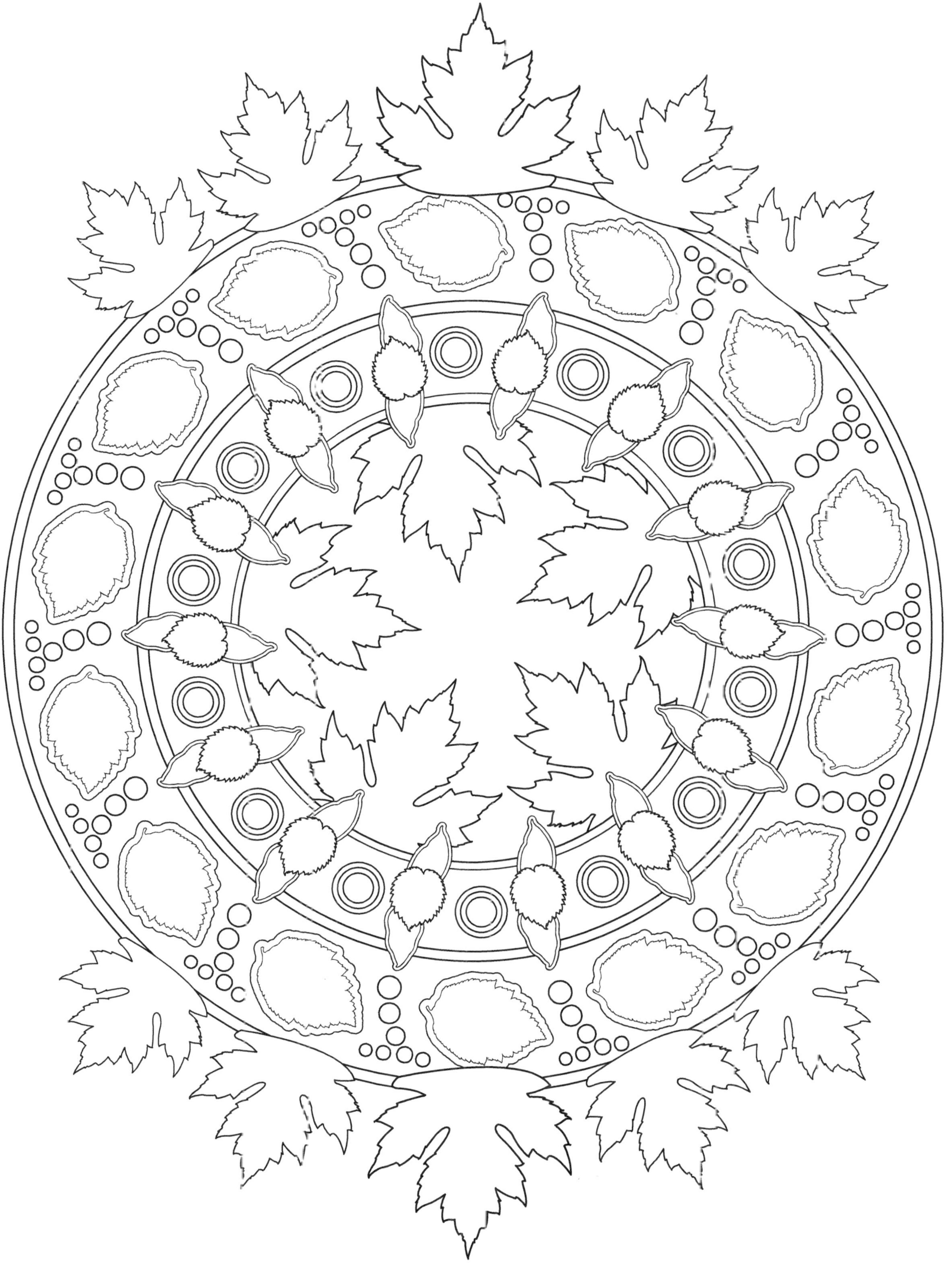

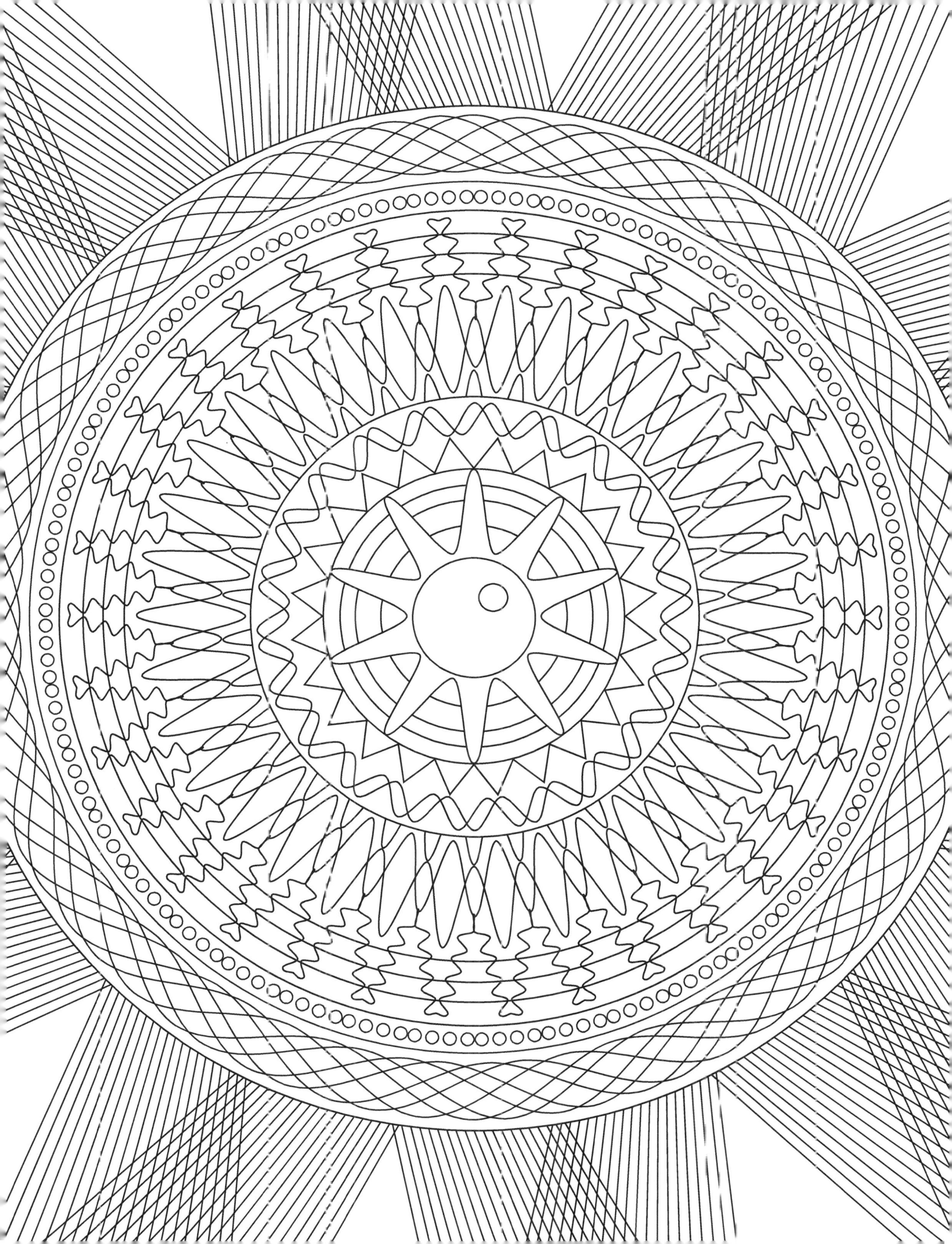

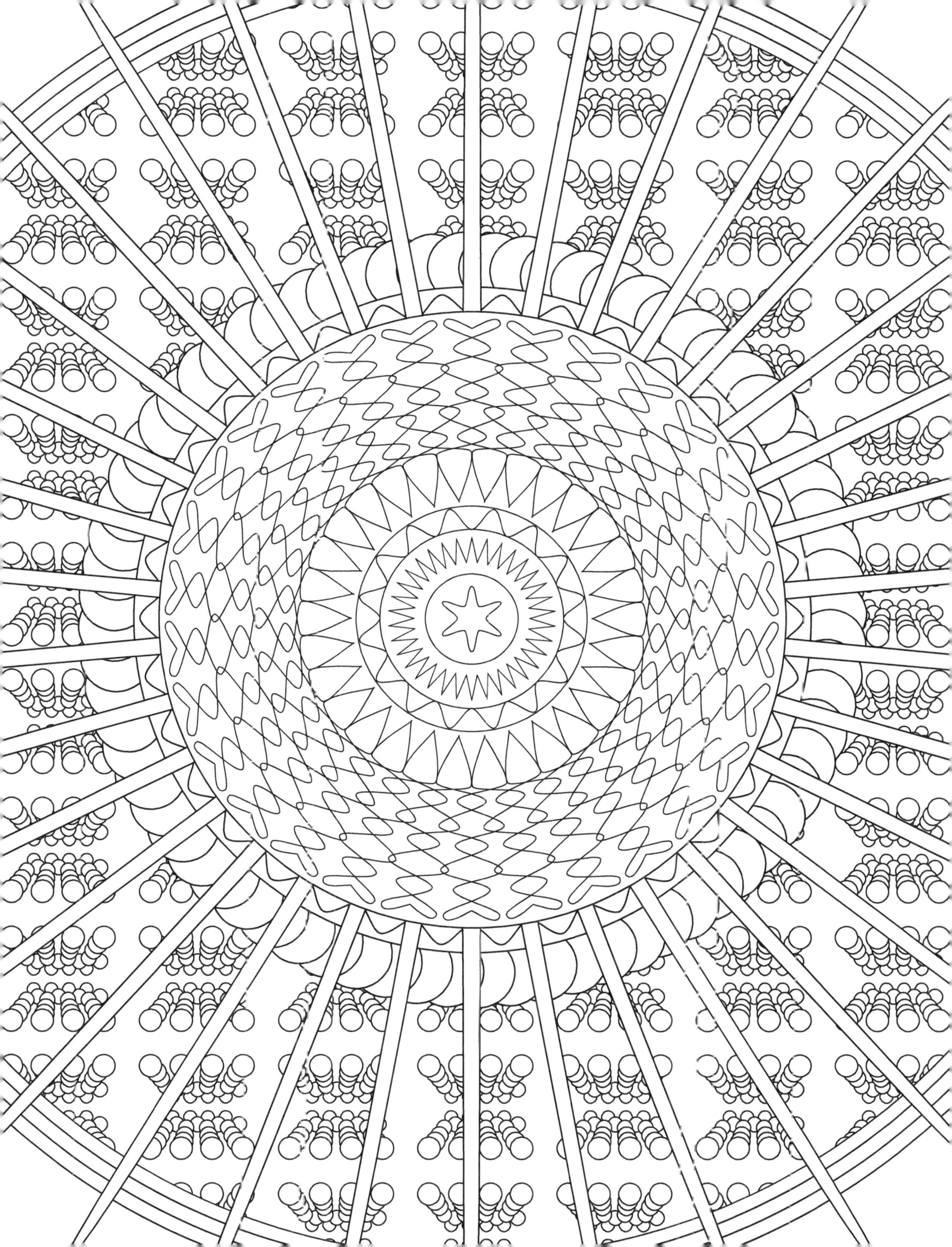

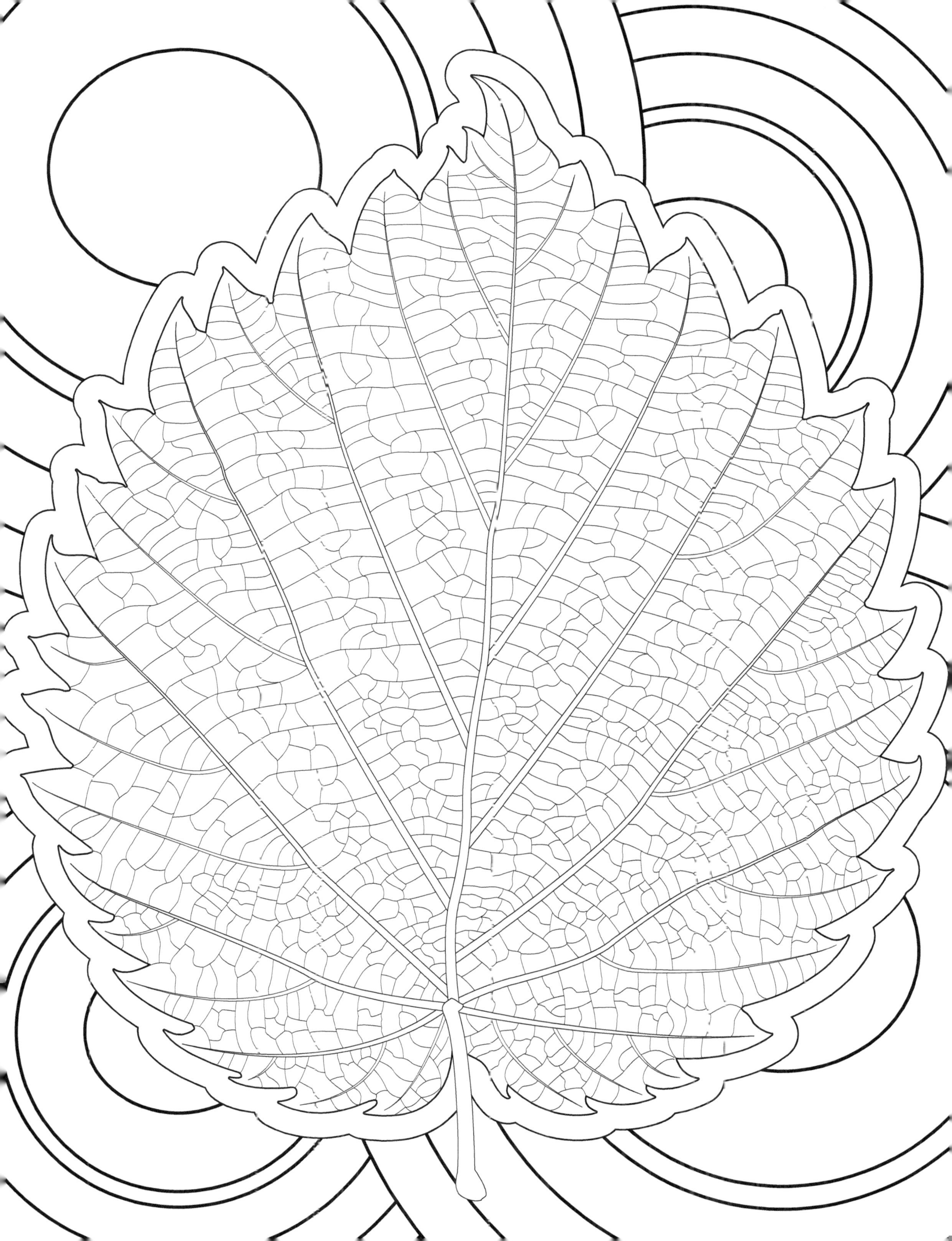

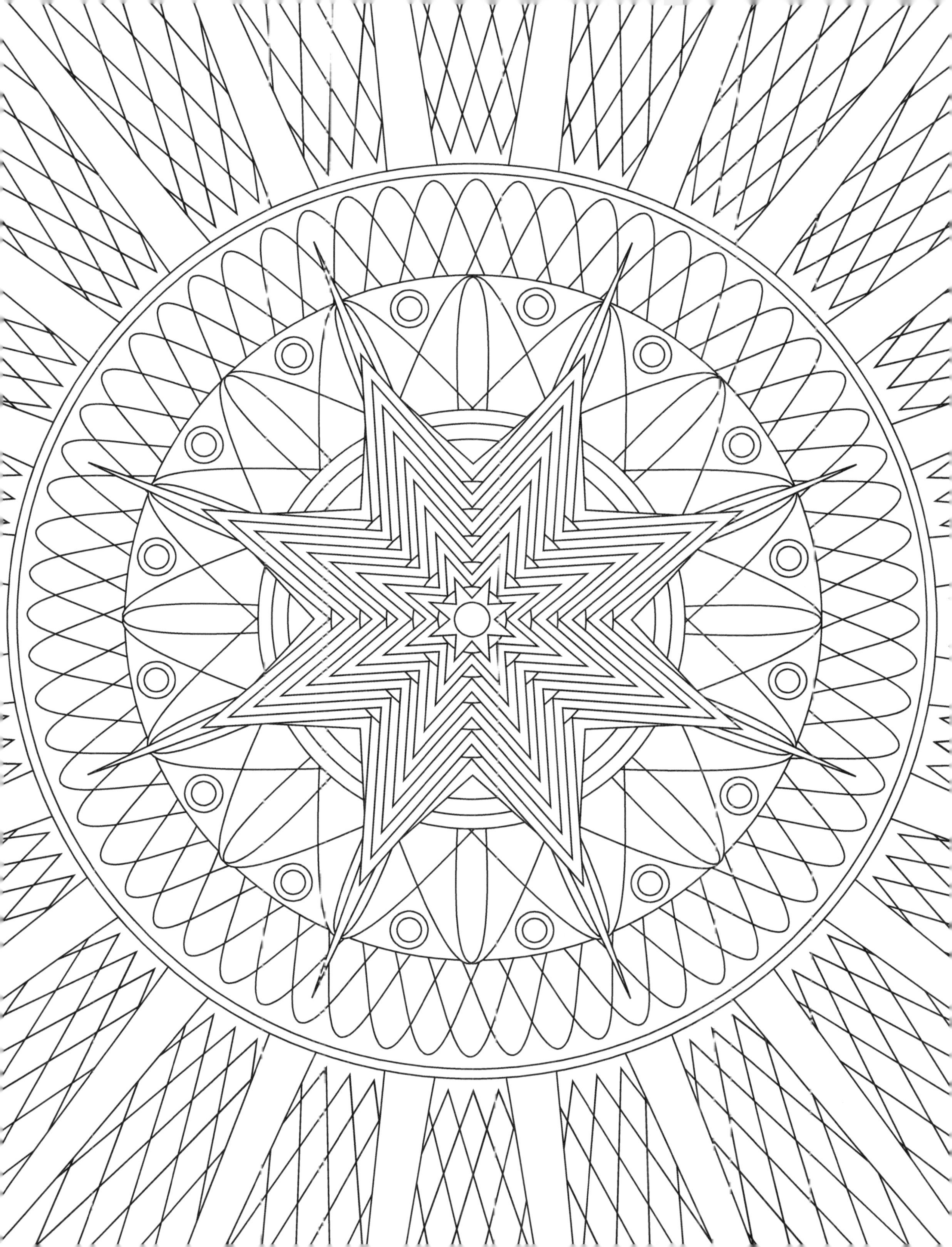

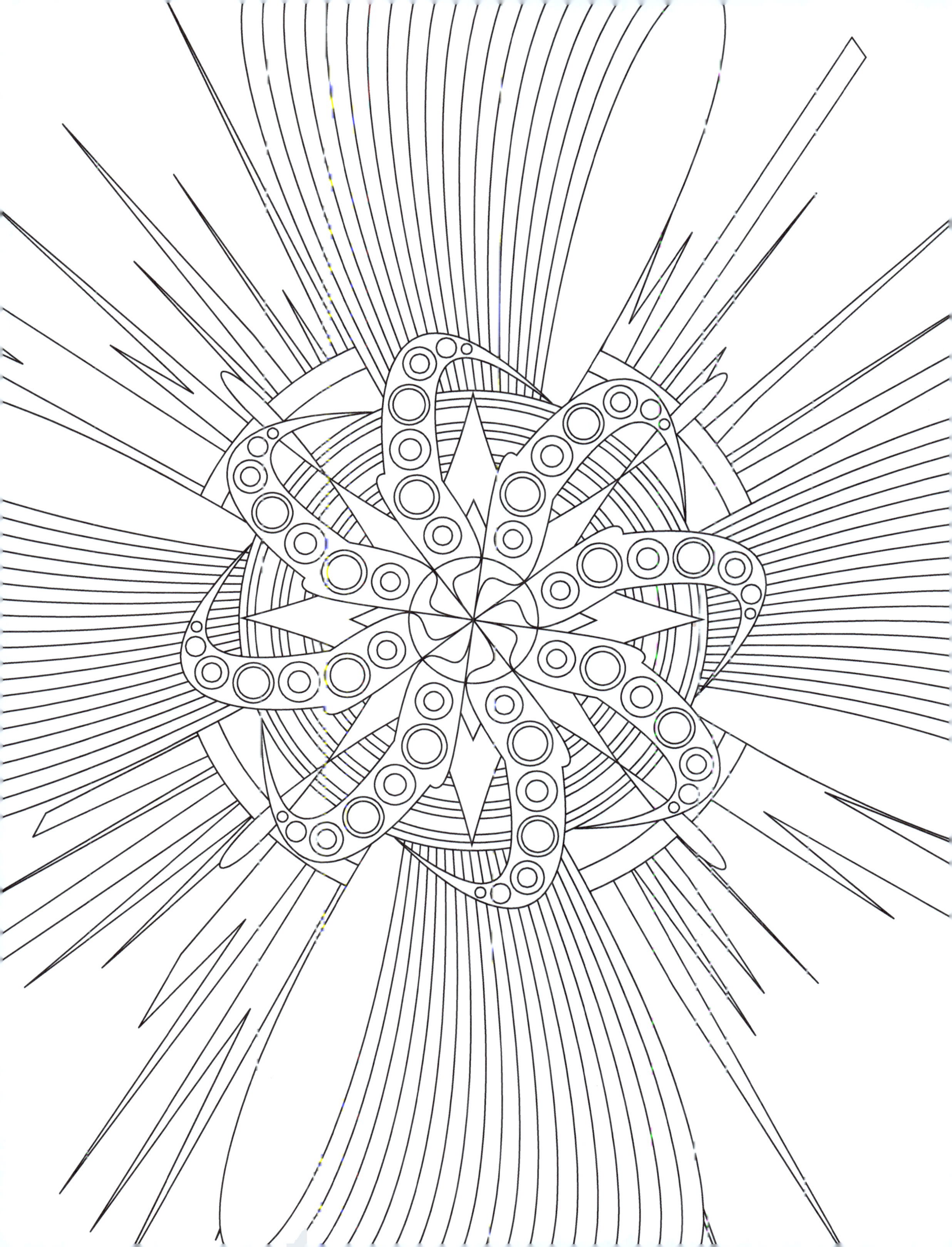

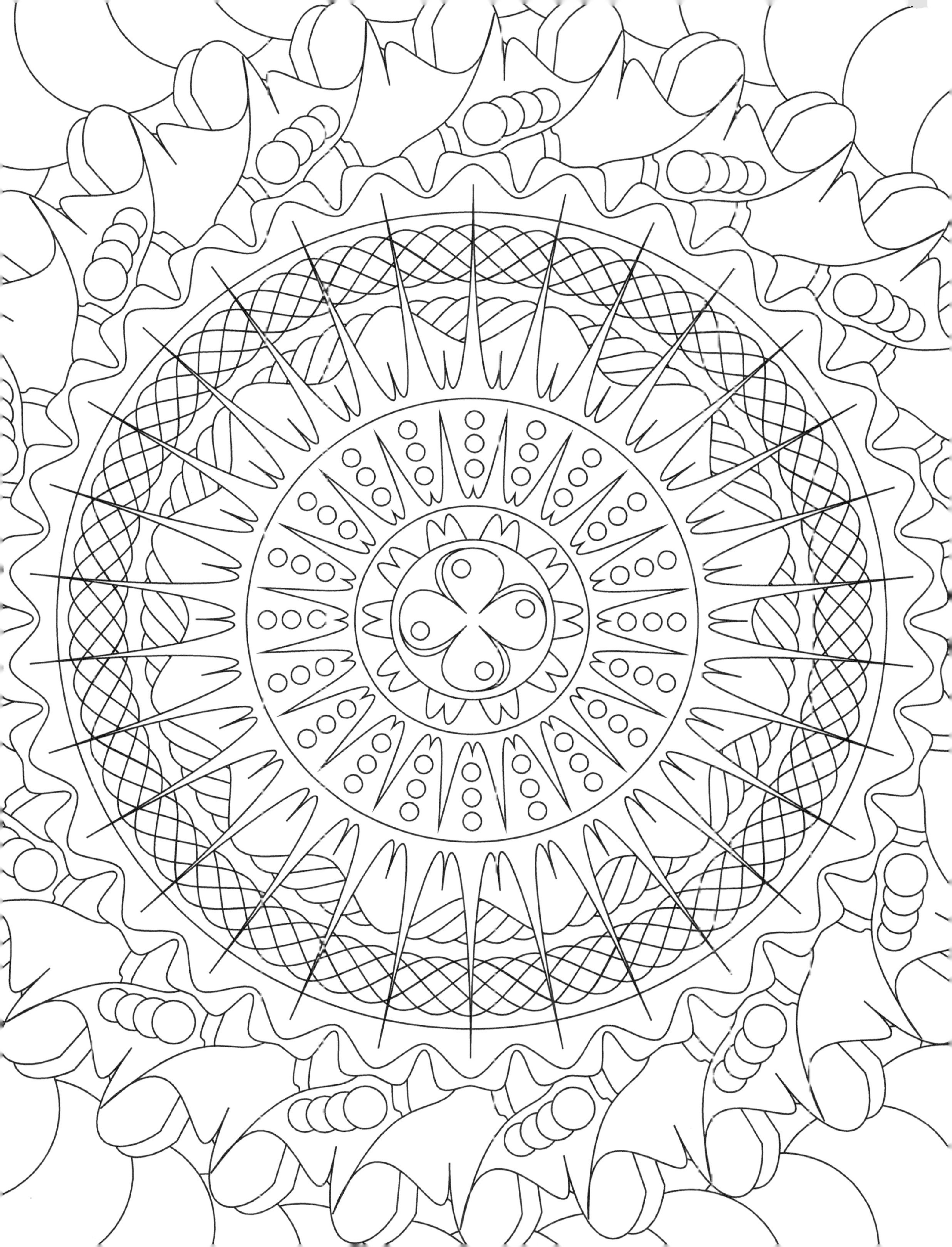

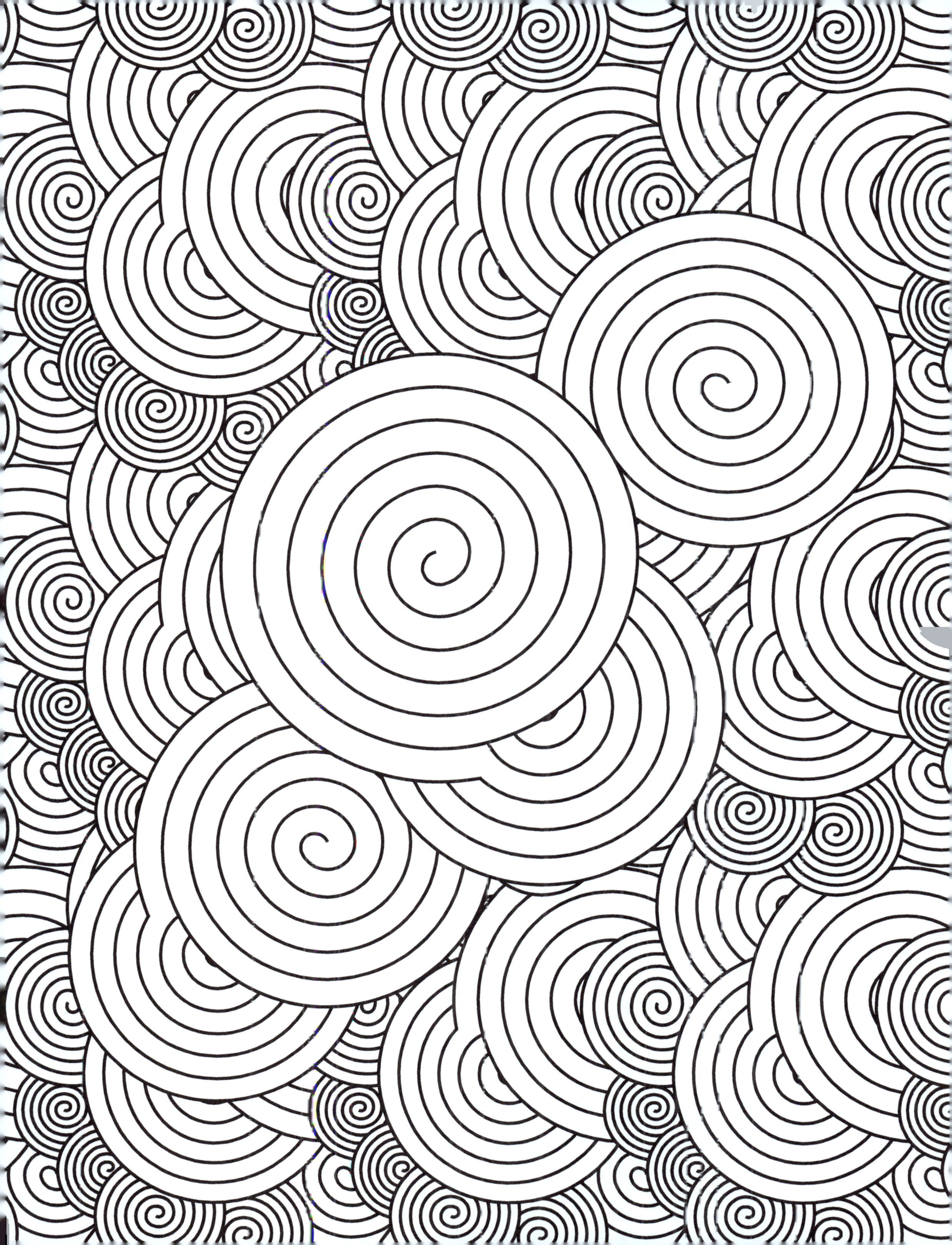

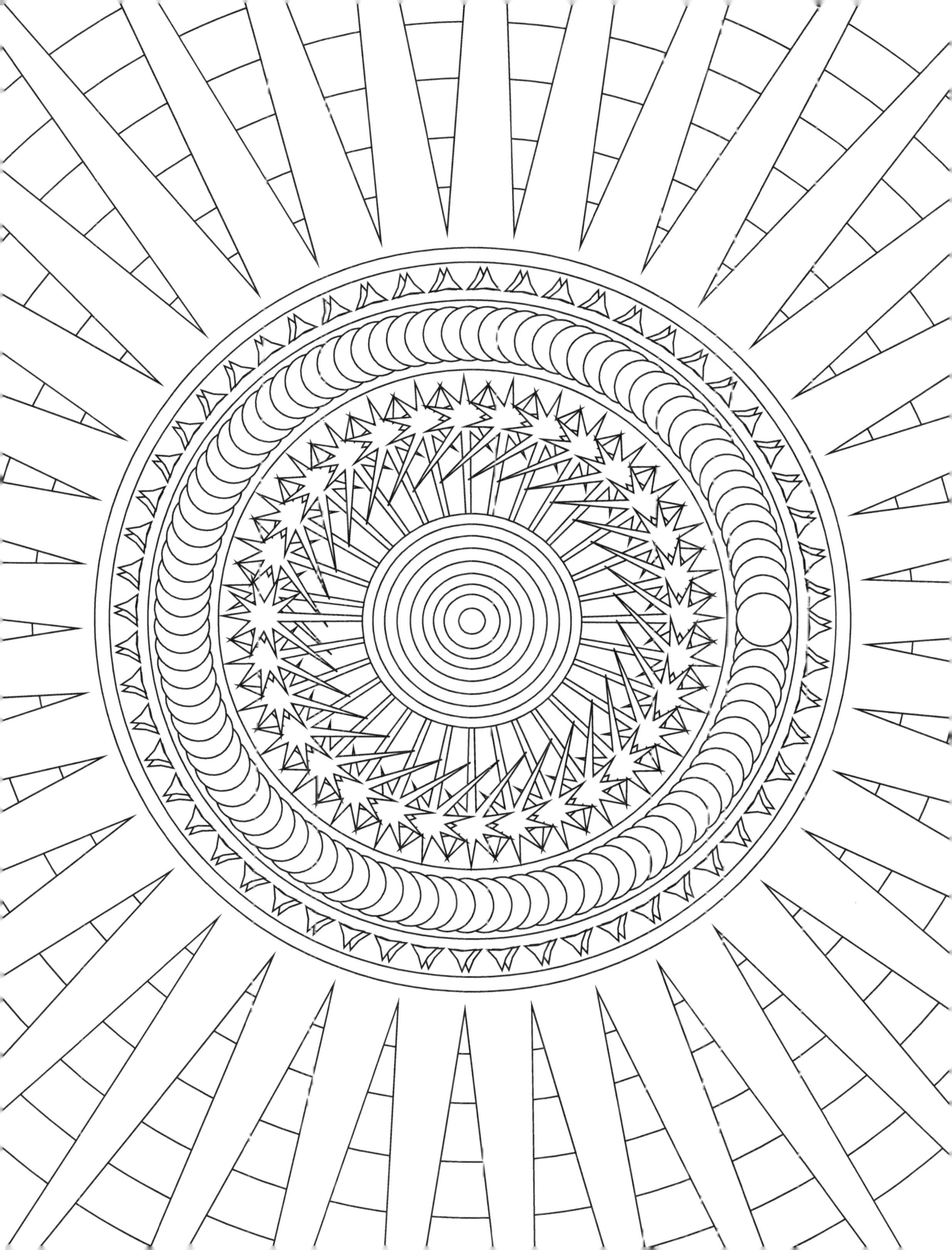

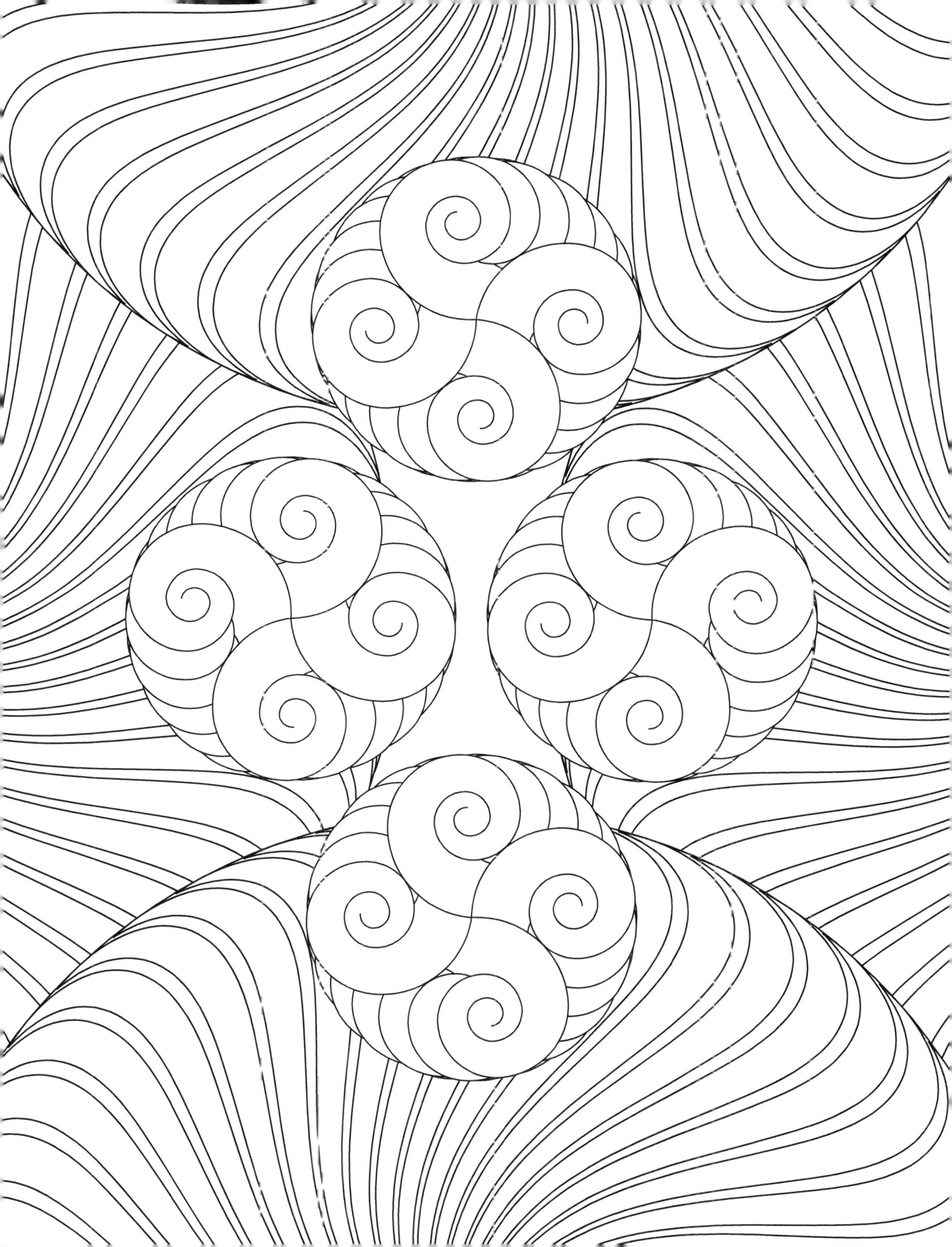

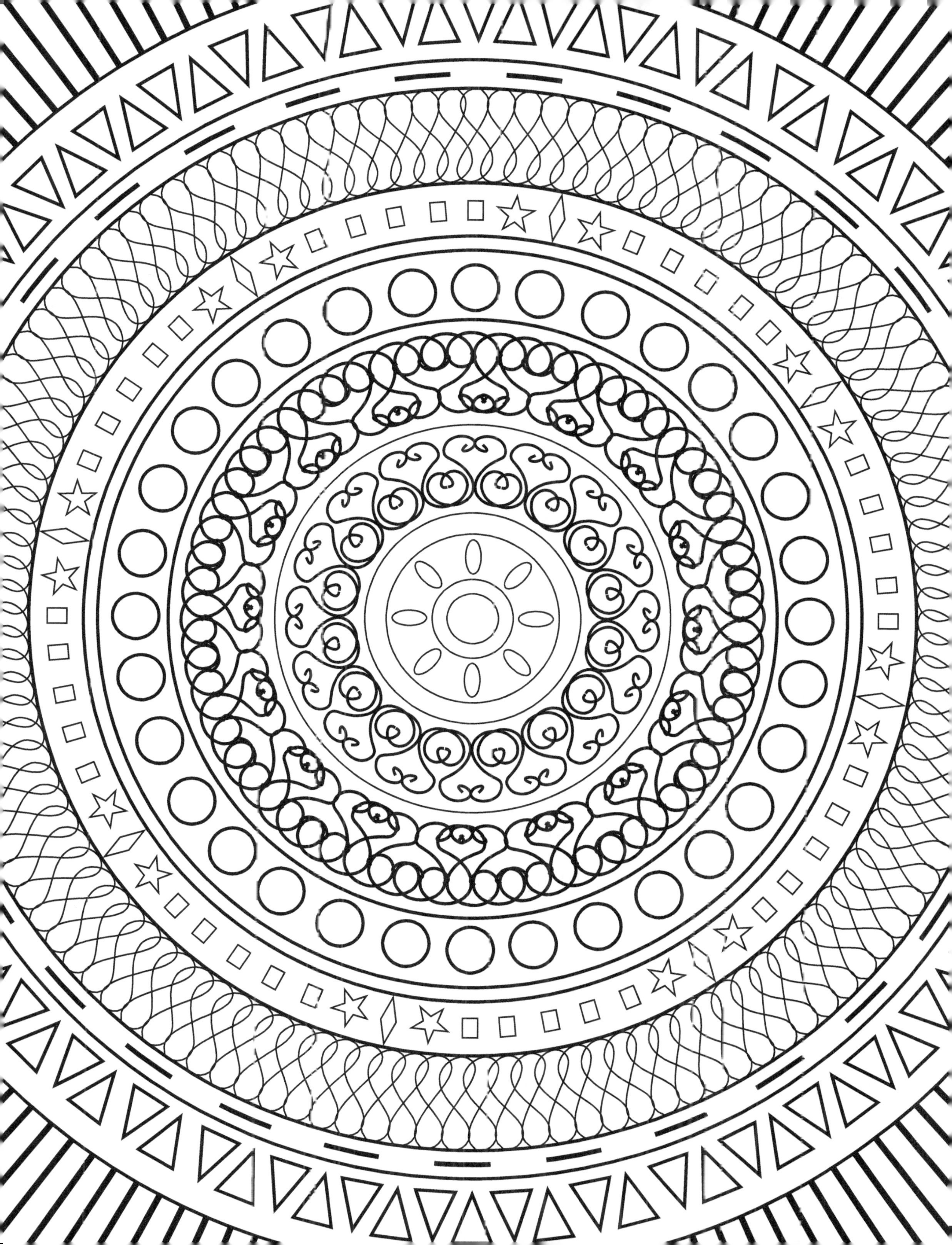

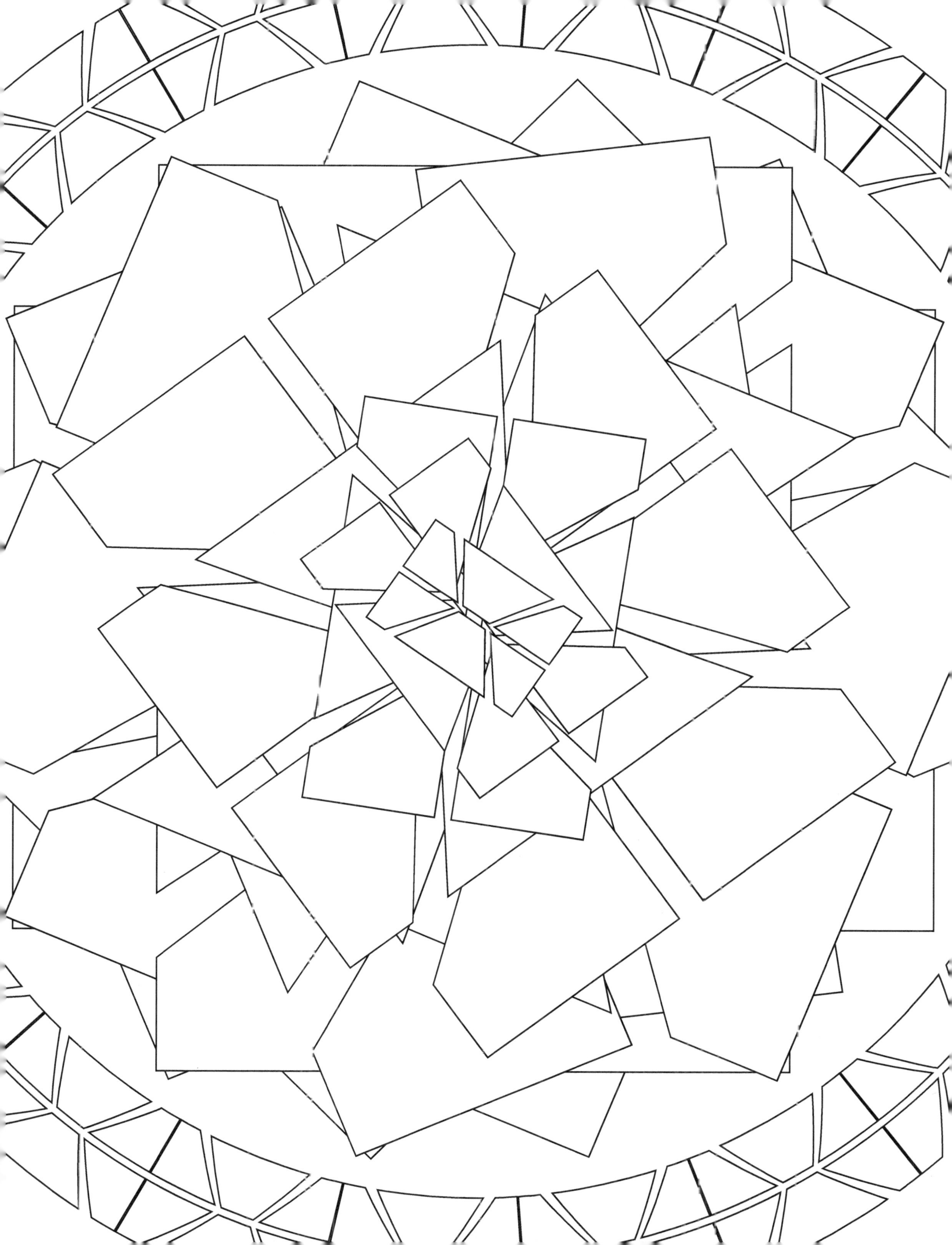

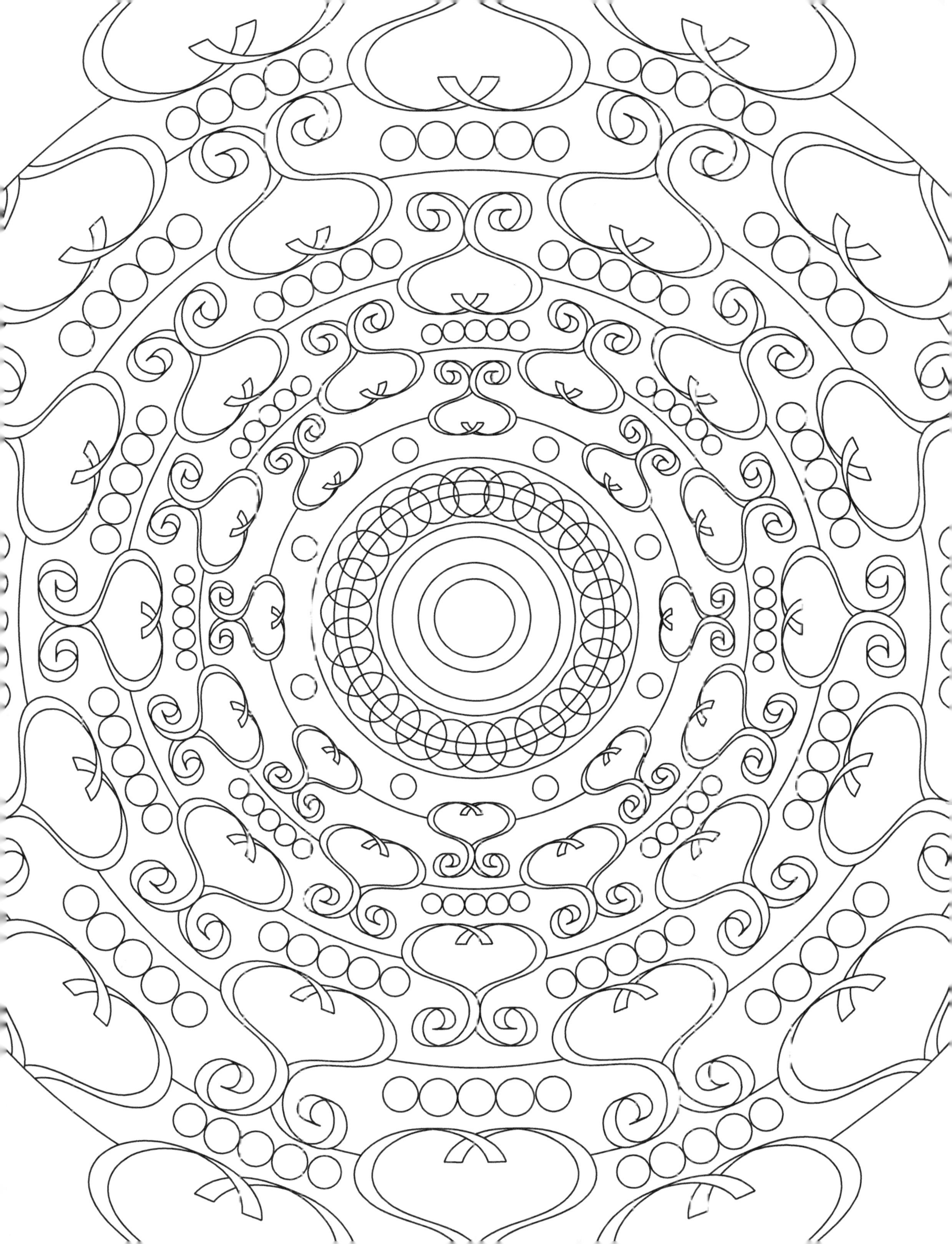

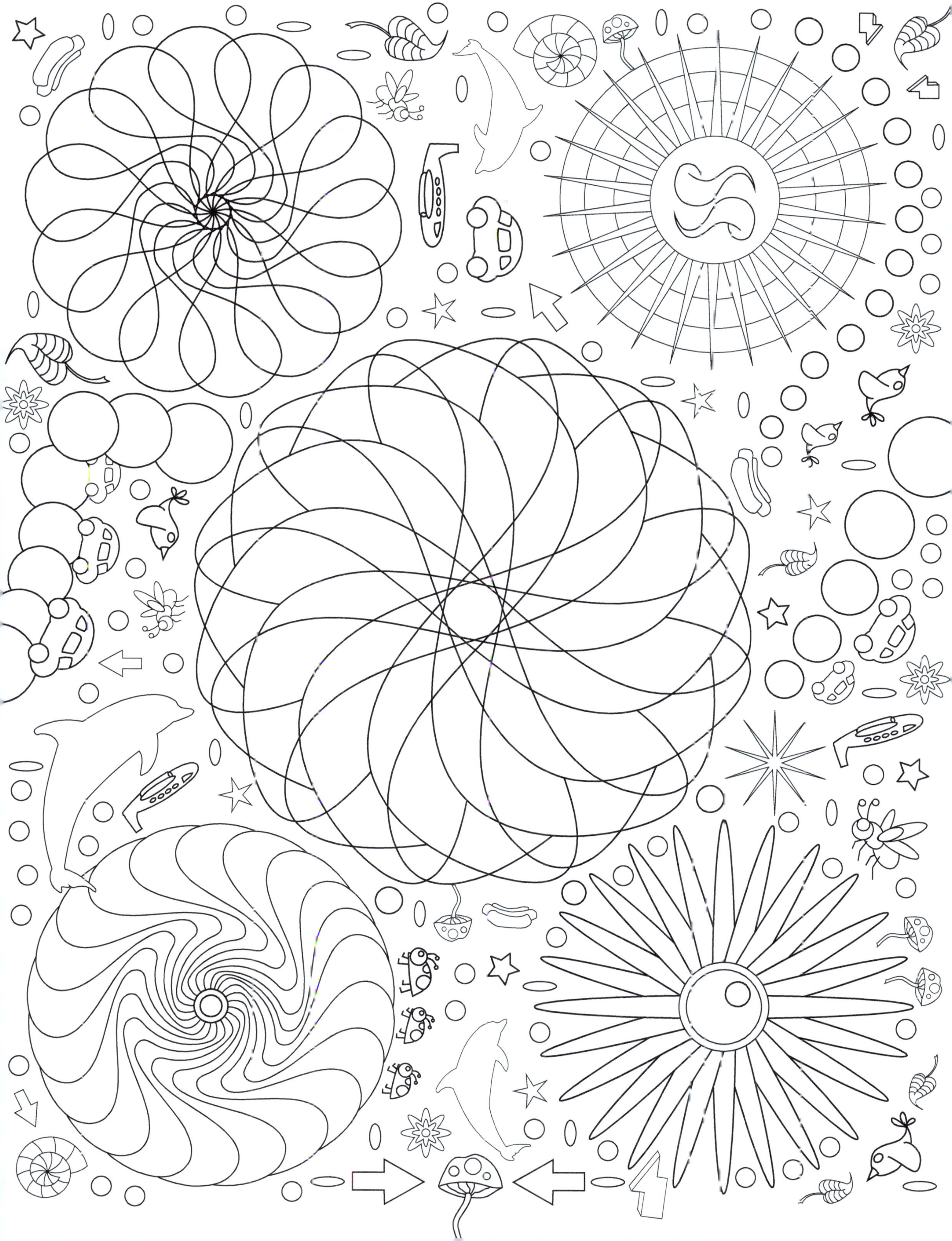

www.ingramcontent.com/pod-product-compliance
Lightning Source LLC
Chambersburg PA
CBHW080606190526
45169CB00007B/2904
* 9 7 8 1 5 3 0 8 8 2 1 5 1 *